AONGHAS PÀDRAIG CAIMBEUL (ANGUS PETER CAMPBELL) from South Uist is an award-winning poet, novelist, journalist and actor. His poetry collection *Aibisidh* won the Scottish Poetry Book of the Year Award in 2011 and his novel *Memory and Straw* the Saltire Society Scottish Fiction Book of the Year Award in 2017. He was nominated for a BAFTA for Best Actor for the film *Seachd* in 2008. He has been a columnist for *The Guardian*, *The Herald*, *The Scotsman* and the *West Highland Free Press*. Sorley MacLean said of him, 'I have no doubts that Angus Peter Campbell is one of the few really significant living poets in Scotland, writing in any language.'

By the same author:

The Greatest Gift, Fountain Publishing, 1992
Cairteal gu Meadhan-Latha, Acair, 1992
One Road, Fountain Publishing, 1994
Gealach an Abachaidh, Acair, 1998
Motair-baidhsagal agus Sgàthan, Acair, 2000
Lagan A' Bhàigh, Acair, 2002
An Siopsaidh agus an t-Aingeal, Acair, 2002
An Oidhche Mus Do Sheòl Sinn, Clàr, 2003
Là a' Dèanamh Sgèil Do Là, Clàr, 2004
Invisible Islands, Otago Publishing, 2006
An Taigh-Samhraidh, Clàr, 2007
Meas air Chrannaibh / Fruit on Branches, Acair, 2007
Tilleadh Dhachaigh, Clàr, 2009
Suas gu Deas, Islands Book Trust, 2009
Archie and the North Wind, Luath Press, 2010
Aibisidh, Polygon, 2011
An t-Eilean: Taking a Line for a Walk, Islands Book Trust, 2012
Fuaran Ceann an t-Saoghail, Clàr, 2012
The Girl on the Ferry Boat, Luath Press, 2013
An Nighean air an Aiseag, , Luath Press, 2013
Memory and Straw, Luath Press, 2017

Stèisean

AONGHAS PÀDRAIG CAIMBEUL

Luath Press Limited
EDINBURGH
www.luath.co.uk

mar thaing do DG
dedicated to DG

First published 2018
Reprinted 2025

ISBN: 978-1-912147-14-4

The author's right to be identified as author of this book
under the Copyright, Designs and Patents Act 1988 has been asserted.

The paper used in this book is recyclable. It is made
from low chlorine pulps produced in a low energy, low emission
manner from renewable forests.

Printed and bound by Robertson Printers, Forfar

Typeset in 11 point Sabon
Calligraphy and illustrations by Liondsaidh Chaimbeul

Chuidich Comhairle nan Leabhraichean am foillsichear
le cosgaisean an leabhair seo.

© Angus Peter Campbell 2018

Clàr-Innse / Contents

Buidheachas / Acknowledgements 11

An Geata Gorm 12
   The Blue Gate 13

Calmain 14
   Doves 15

Gràdh 16
   Love 17

Am Maraiche 18
   The Mariner 19

Anns an dachaigh-cùraim 20
   In the nursing home 21

Na Mèirlich Reamhar 22
   The Fat Thieves 23

Foghar 24
   Autumn 25

Gun Ainm 26
   Anon 27

Bodach na Gealaich 28
   The Man in the Moon 29

Aiseag 30
   Ferryboat 31

Julia Herrier, aois 93 32
   Julia Herrier, age 93 33

Leabhar	34
Book	35
Eaglais	36
Church	37
Sop	38
Wisp	39
Feasgar Disathairne	40
Saturday Afternoon	41
Bràigh Throsaraidh	42
Trosaraidh Brae	43
Dìreadh Ruaidheabhal, Beinn a' Bhaoghla	44
Ascending Ruaidheabhal, Benbecula	45
Alasdair	48
Alasdair	49
Togail	50
Building	51
Sgoth	52
Boat	53
A' Tarraing Anail	54
Drawing Breath	55
M' athair	56
My father	57
Cille Bhrìghde	58
Kilbride	59
Draoidheachd	60
Magic	61

Neas	62
Ferret	63
An tràill	64
The slave	65
Loch Baghasdail	66
Lochboisdale	67
Daorghlas Chaoilte	68
Daorghlas Chaoilte	69
Gille is Nighean	70
Boy and Girl	71
An Saighdear	72
The Soldier	73
Cappuccino Fuar	76
Cold Cappuccino	77
Mart Loch nam Madadh	80
The Lochmaddy Cattle Mart	81
Stèisean	82
Station	83
Duan na Fèinne	86
The Fingalian Chant	87
Aingeal	90
Angel	91
Am Fuamhaire	92
The Giant	93
Sgrìobhadh	94
Writing	95

Litrichean	96
Letters	97
Iain	98
Iain	99
Am Bo-Bò	100
The Baw-Baw	101
Samhradh	102
Summer	103
Aonghas Dubh	104
Black Angus	105
Sìde	106
Weather	107
Fiadh air Druim Uachdar	108
A Deer on Drumochter	109
Erik Ruadh	110
Erik the Red	111
Mac Iain 'ic Sheumais	112
Mac Iain 'ic Sheumais	113
An Sgùmban	114
The Sgùmban	115
Aois	116
Age	117
Dannsa	120
Dancing	121
Shuas an Staidhre	122
Upstairs	123

Cèilidh	124
Cèilidh	125
Poca	126
Sack	127
Chì mi thu	128
I see you	129
Uncail Dòmhnall	130
Uncle Donald	131
An Taigh Cruinn, Dalabrog	132
Bronze age roundhouse, Daliburgh	133
Lios nan Ubhal	134
Orchard	135
Air machaire Chille Pheadair	136
On Kilpheder machair	137
Aig Cladh Hàllain	138
At Hallan Cemetery	139
Seallaidhean	142
Seeing Things	143

Buidheachas / Acknowledgements

Mo thaing do Liondsaidh Chaimbeul airson na h-obair-ealain eireachdail anns na làmh-sgrìobhaidhean Gàidhlig. Do Jennie Renton airson a foighidinn agus a' chlò-bhualaidh. Do Johan Nic a' Ghobhain agus Gillebrìde Mac 'IlleMhaoil agus Meg Bateman airson an comhairle a thaobh litreachaidh. Mo thaing do Meg gu sònraichte airson a briathran coibhneil air a' chòmhdach agus do Ghabhan MacDhùghaill agus an sgioba aig Luath airson gach taic.

My thanks to Liondsaidh Chaimbeul for the beautiful artwork in the Gaelic section of this book. To Jennie Renton for her patience and her professional typesetting. My thanks to Johan Smith, Gillebride MacMillan and Meg Bateman for their advice and corrections. A special thanks to Meg for her kind words on the cover and to Gavin MacDougall and team at Luath Press for all their support.

An Geata Gorm

A' mhadainn seo,
tha an geata gorm fosgailte
's coisichidh mi troimhe
an àite coimhead air ais
a' cuimhneachadh air mar bhiodh an crodh
ag ionaltradh sa bhuaile...

Agus siud iad thall romham,
a' dèanamh an slighe dhachaigh
an ciaradh an fheasgair,
is Dòmhnall Sheumais le bhata a' feadaireachd às an dèidh.

Tha thusa gabhail mo làimh,
pàist' a' stiùireadh athair
tro cheum nan craobh
sìos seachad air an tobar
agus air lios nan ubhal
gu far a bheil sèithear suidhe ri balla
laiste ann an solas geal na grèine.

The Blue Gate

This morning,
the blue gate is open
and I shall walk through it
instead of looking back
to think upon how the cattle used to
graze in the fold...

And there they are, ahead of me,
making their way home
in the evening light
and Donald James with his stick whistling after them.

You take my hand,
a child leading her father
through the avenue of trees
down past the well
and the orchard
where a chair sits against a wall
illuminated in the white light of the sun.

Calmain

Nam leth-dhùisg
anns a' chamhanaich
siubhal tron bhaile nach eil ann.

Eòghainn Phàdraig a' tughadh an taighe
agus Ciorstag a' biadhadh nan cearc.

Is a-muigh
fuaim maidne fad às an Dùn Èideann:
crùidhean nan each air na clachan
is fear a' bhainne bualadh nam botal

ro chaoin nan calman, a' fàilteachadh an latha às ùr.

Doves

Half-awake
at dawn
I travel though the village that is no more.

Eòghainn Phàdraig thatching his house
and Ciorstag feeding the hens.

And outside,
the far-off sounds of an Edinburgh morning:
horses hooves on the cobbles
and the milkman rattling the bottles

before the doves cry, welcoming in the new day.

Gràdh

Eun
a' crochadh bun-os-cionn
taobh muigh m' uinneig
ag ithe chnòthan.

Aotromachd
ag àicheadh
grabhataidh.

Love

A bird
hanging upside-down
outside my window
eating nuts.

Lightness
defying
gravity.

Am Maraiche

Sheòl e na seachd cuantan
a' faicinn na grèine
ag èirigh os cionn Beinn Fujiyama
air madainn shamhraidh.

Na sheann aois,
shuidh e air bogsa fiodha
aig ceann an taighe,
a shùilean air fàire.

Nuair bhruidhneadh e
bha cianalas na ghuth,
mar gun robh e cluinntinn dualchainnt Apainn
a-rithist, na dhùthaich fhèin.

The Mariner

He sailed the seven seas
seeing the sun rising
over Mount Fujiyama
on a June morning.

In his old age,
he sat on a wooden box
at the end of the house,
his eyes on the horizon.

When he spoke
homesickness was in his voice,
as if he was hearing the Appin dialect
once more, in his native land.

Anns an dachaigh-cùraim

Tha dà chailleach a' fighe,
cluich hopscotch
taobh muigh na sgoile.

'Seall-chaill thu stiods'
mar gu bheil a' chaileag eile
air leum a-mach às a' bhogsa,
's chan eil aig Seònaid a-nis
ach dannsa ceart gu ceann na cleas.

In the nursing home

Two old women are knitting,
playing hopscotch
in the school playground.

'Look – you've dropped a stitch'
as if the other lassie
has just hopped out of the box
and all Jessie has to do now
is to dance faultlessy to the cat's cradle.

Na Mèirlich Reamhar

Ann an gailearaidh-ealain
ann am Bonn
dealbh dhen Cheusadh:

Crìosd a' crochadh air a' chrann
's na mèirlich
mar mharagan sultmhor Steòrnabhaigh
air gach taobh.

Carson a bhiodh peacadh aog,
cnàmhan a' bioradh na fèòla?
Nach fheàrr deagh stiubh sa phoit,
an geir tiugh is sùbhach?

Reamhar acrach
taobh aran na beatha.

The Fat Thieves

In an art-gallery
in Bonn
a picture of the Crucifixion.

Christ hanging on the cross
and the thieves
plump Stornoway black-puddings
on each side.

Why should the wages of sin be skeletal,
bones piercing through the flesh?
Better a good stew in the pot,
the juice dripping and roasting.

Fat and hungry
beside the bread of life.

Foghar

Thig Foghar mar a thig e,
òr eadar uain' is geal.

Na strì 'son ràith eile
ach creid an t-seann fhìrinn

gun laigh gach mìos sìos mar chearc-ghur,
gus am bris an là.

Autumn

Take Autumn as she comes,
gold between green and white.

Do not strive for another season
but believe the old truth

that every month will lie down like a roosting-hen,
until the day breaks.

Gun Ainm

Aithnichte
mar Bhean MhicCruimein,
feadan na pìoba.

Dhèanadh i canntaireachd
air gach port
is cumha sàmhach na làthair.

Ach a-muigh air a' mhonadh
leatha fhèin,
bha i na pìob-mhòr,

's thuirt na chual' i
gun tug i caoineadh air na creagan,
agus sgàineadh air A' Chuilitheann.

Anon

Known
as MacCrimmon's wife,
she was the chanter.

She could sing
every tune
and lament noiselessy in his presence.

But out on the moor
on her own
she was the melody

and those who heard her
said she brought the rocks to tears
and fractured the Cuillin.

Bodach na Gealaich

Bhiodh cànan eile aige. Cainnt
nach tuigeadh ar pàrantan,
làn rionnagan is dhealanaich.

'S dh'atharraicheadh e cumadh:
rachadh e na choineanach.

Cha robh for aig' air aifreann,
neo feum air briogais-ghoirid,
's chitheadh e h-uile sion,
eadhon cìochan Chatrìona 's rudan.

Na chadal fad an latha
fhad 's a bha sinne san sgoil. 'S nuair
thigeadh an oidhche, bhiodh esan air chois
a' cluich 'tig' eadar na sgòthan,
's mura b' e gun do leum sinn air
bhiodh e air cluich an sin gu sìorraidh.

The Man in the Moon

He spoke a different language. One
that our parents didn't understand,
full of stars and lightning.

And he could change shape:
become a rabbit.

Bet he never went to Mass,
or had to wear short trousers,
and bets he could see everything,
even Catrìona's tits and things.

He slept all day
while we were at school. And when
night fell, he was all awake
playing tig between the clouds,
and if we hadn't jumped on him
he'd have played there forevermore.

Aiseag

Tha an t-aiseag aig a' chidhe
's nuair a sheòlas i
bheir i mi fad air falbh
dhan Òban
far a bheil trèan
a Ghlaschu.

'S aon uair an sin
nì mi air Parkhead,
far a bheil aislingean air an coilionadh,

a' cuimhneachadh ortsa
laighe sìos rim thaobh air a' mhachaire
gun sìon eadarainn
agus Pàrras.

Ferryboat

The boat is at the pier
and when she sails
she will take me far away
to Oban
where there is a train
to Glasgow.

And once there
I will make for Parkhead
where dreams are fulfilled,

remembering you
lying down beside me on the machair
with nothing between us
and Paradise.

Julia Herrier, aois 93

Air sràid chumhang
ann an Ypres
bhruidhinn mi ri Julia.

Chuir i nam chuimhne cailleach
a chunna mi turas
an doras taighe an Ceann Phàdraig
na seasamh a' coimhead a-mach
air ceò a' Chuain a Tuath.

Fhad 's a bha i coimhead
thog an ceò,
a' taisbeanadh muir gràin-ghorm
a las suas a h-aodann preasach
mar phàist'.

Julia Herrier, age 93

On a narrow street
in Ypres
I spoke with Julia.

She reminded me of an old woman
I once saw
in the doorway of a house in Peterhead
standing looking out over towards
the haar covering the North Sea.

As she watched,
the fog lifted,
revealing a granite-blue sea
that lit up her wrinkled face
like a bairn.

Leabhar

Tha an leabhar
a' sìneadh eadar Ceann Bharraigh agus Rubha Robhanais.

Lide às dèidh lide,
tarsainn nan cabhsairean,
gach ceum gad thoirt faisg
air ceann-uidhe an t-srainnseir.

A bheil Iàcob an siud
am measg nan caorach,
's cò chunnaic sealladh air HCE
taobh thall a' Chliseim?

Gabh gach facal
agus cnuathsaich e mar shlige
air a chumadh gun fhaochadh le gaoth is fairge.

Book

The book
stretches from Barra Head to the Butt of Lewis.

Syllable after syllable,
across the causeways
every step bringing you closer
to the stranger's destination.

Is Jacob there
among the sheep,
and who saw a glimpse of HCE
on the other side of the Clisham?

Take every word
and examine it like a shell
uniquely shaped
by every little wind and tide.

Eaglais

Feasgar Diciadain.

An eaglais falamh.

Suidhe
coimhead air na ballachan bàna.

Crois bheag fhiodh
lom air an altair

gam chruth-atharrachadh.

Church

Wednesday afternoon.

The church empty.

Sitting
looking at the white walls.

A small wooden cross
bare on the altar

transforming me.

Sop

Thuig mi nan rachainn
gu bhan a' Cho-operative
's nan toirinn trì-sgillinn seachad
gum faighinn bàr tofaidh-bò air a shon.

Mar sin, cha robh e na iongnadh
gum biodh Eàirdsidh Beag a' falbh air an t-Sluagh,
's nam pògadh tu nighean
gum biodh i trom.

Nan suidheadh tu air sop-feòir
rachadh tu gu taobh thall an t-saoghail,
's fhad 's a bha Bheurla agad
dhèanadh tu a' chùis, allright.

Ach aon latha, chaidh mi dhan bhan,
grèim-bàis agam air a' bhonn phràis
's thuirt am fear mòr cùl a' chunntair
"Dh'fhalbh na làithean, 'ille. Dh'fhalbh. Aidh. Aidh."

Wisp

I understood that if I went
to the Co-operative van
and gave a thrupenny bit
I'd get a McGowan's Toffee Bar instead.

So, it was no surprise to me
that Eàirdsidh Beag would be lifted
by the Host of the Dead,
and if you kissed a girl she'd have a baby.

If you sat on a wisp of straw
it would take you to the other side of the world
and as long as you had some English
you'd be allright.

Then one day I went to the van
holding the brass coin for all life was worth
and the fat man behind the counter said this to me
'Gone are the days, boy. Gone. Aye. Aye.'

Feasgar Disathairne

Cuimhn' a'm air fuaim am brògan
air an rathad mhòr
agus an dòigh a chumadh na boireannaich
grèim air gàirdean a chèile
le casa-cainbe na grèine
gam beannachadh
dol dhan Èisteachd
fhad 's a shèid mise suas am ball-leathair
airson gèam eile.

Saturday Afternoon

I remember the sound of their shoes
on the tarmacadamed road
and the way the women
gripped each other's arms
with the hempen-legs of the sun
blessing them
on the way to Confession
while I pumped up the leather football
for another game.

Bràigh Throsaraidh

Aon latha
coltach ri gach latha eile,
phut m' athair mi
suas an cnoc air a' bhaidhsagal,
mar bu dual. Aon làmh mhòr
a' stiùireadh na diollaid,
an tè eile air a' chrann.

Thionndaidh sinn,
a' coimhead sìos a' bhràigh, 's ruith e,
a dhà làimh a-nis air an diollaid
's tughadh taigh bean Liondsaidh a' seòladh seachad.

'S an ath rud cha chluinninn anail
leis a' ghaoith a' sèideadh nam cheann
's mi seòladh sìos
le fios gun robh esan fhathast
a' ruith às mo dhèidh.

Trosaraidh Brae

One day
no different from any other,
my father pushed me
up the hill on the bike,
as usual. One enormous hand
guiding the saddle,
the other balancing the handle-bar.

We turned,
facing down the brae, and he began to run,
both hands now on the saddle
as Bean Liondsaidh's thatched house flew by.

And the next thing I couldn't hear his breath
for the wind rushing through my head
as I flew downhill
knowing he was still
running after.

Dìreadh Ruaidheabhal, Beinn a' Bhaoghla
i.m. Dr Gavin Wallace

An latha às a dhèidh,
dhìrich mi Ruaidheabhal.

Cha b' e àithne bh' ann
ach thuirt mi rium fhìn
gun coimhead air ais.

An sealladh a chumail
gus an ruiginn am mullach.

Bha ghrian gu deas
a' tilgeil m' fhaileas
fada suas an cnoc romham.

Ge brith dè cho luath 's a ghluaisinn
bha esan daonnan dol a bhith ann an toiseach.
Mar a bha.

Nuair a rug mi air
aig mullach na beinne
choimhead an dithis againn timcheall.

Ascending Ruaidheabhal, Benbecula
i.m. Dr Gavin Wallace

The day after,
I climbed Ruaidheabhal.

It wasn't a commandment,
but I instructed myself
not to look back.

To preserve the view
until I reached the top.

The sun was to the south
casting my shadow
long up the hill before me.

No matter how fast I moved
he was always going to get there first.
And so it proved.

When I caught up with him
at the top of the hill
we both looked round.

Baile na h-Àithne gu sear,
Bermiùda san iar,
Innis Tìle gu tuath
agus Samoa gu deas

's thug an dithis againn taing
airson a leithid de shealladh, ann an leithid de dh'àite,
air a leithid de latha.

Athens to the east,
Bermuda to the west,
Iceland to the north
and Samoa to the south

and we both gave thanks
for such a vision, in such a place,
on such a day.

Alasdair

Bha cuid de rudan follaiseach.
Cho faiceallach 's a bhiodh tu tughadh,
am muran as fheàrr agad,
tiormaichte a's an àtha.

'N uair sin, às dèidh obair an Earraich,
a' sìneadh dhan Ògmhios,
nochdadh an seann fhàradh
a-mach an aghaidh a' bhalla shiar.

Feasgar a b' fheàrr, air ais on mhachaire,
's tu nad laighe air a' mhullach
a' fighe nan sìoman
mar chaileag òg a' preasadh gruaig na dolaig.

Ùrnaigh na h-oidhche cho socair ri feur.

Alasdair

Some things were public.
How carefully you thatched
with the best marram,
kiln-dried.

Then when the Spring work was done,
leaning towards June,
the old ladder emerged
propping up the west wall.

Evening was best, after the machair-work,
you flat out on the roof,
pleating the twine
like a young girl braiding her doll's hair.

Your night prayer as quiet as grass.

Togail

Ma chuireas tu clach ri taobh cloich
is clach air muin cloich
mu dheireadh thall
bidh taigh agad.

'S
ma cheanglas tu neòinean ri neòinean
bidh paidirean agad.
Conair-Mhoire.

Aon rud às dèidh rud eile:
gaol agam ort.

Building

If you put a stone beside a stone
and a stone on top of a stone
at last
you'll have a house.

And
if you tie a daisy to a daisy
you'll have a necklace.
A rosary.

One thing leads to another:
I love you.

Sgoth

Turas rinn mi sgoth
a-mach à pìos maide agus luideag.

Sheòl i sìos an sruth
gus an do ràinig i Canada.

Boat

I once made a boat
out of a stick of wood and a rag.

She sailed down the stream
till she arrived in Canada.

A' Tarraing Anail

Fàilte dhut a Mhoire
tha thu làn de na gràsan
a tha cho saor~ghlan ris na speuran os cionn
na machrach air madainn samhraidh
a~nis agus aig uair ar bàis. Amen.

Drawing Breath

Hail Mary
full of grace
that's as pure as the skies above
the machair on a summer's morning
now and at the hour of our death. Amen.

M' athair

Ghlac mi e dìreach aon turas,
a' bheinn mhòr seo,
air a ghlùinean taobh na leapa
ag ùrnaigh.

Agus thuig mi
cò às a thàinig
mo neart.

My father

I just caught him once,
this great mountain of a man,
on his knees by the bed,
praying.

And I understood
from whence
came my strength.

Cille Bhrìghde

Tha iad mar dheilbh Lowry nam aigne:
stràcan ann am pàircean.

An e siud Alasdair Fhionnlaigh a' cocadh
an fheòir is Mac Iain Chaluim a' spealadh,

is cò am fear òg ud a tha coiseachd timcheall
eagal nan con, dèanamh air bùth Ruairidh Iain?

Chan eil frèam air thalamh a ghleidheas na daoine
a tha sìor bhuain ann an grian an fheasgair.

Kilbride

They are like Lowry paintings in my mind:
cyphers in the fields.

Is that Alasdair Fhionnlaigh stacking
the hay and Mac Iain Chaluim scything,

and who is that young boy walking round
for fear of the dogs, to Ruairidh Iain's shop?

No frame on earth can contain those
harvesting eternally in the evening sun.

Draoidheachd

In memoriam Robert Paterson

Ann an draoidheachd,
chan eil sion a nochdas
nach eil ann cheana

falaichte

an àiteigin
air an draoidh.

Cha nochd calmain
nach robh fasgadh
fon chlèoc.

Cha sgaoil sìtheinean
nach robh nan laighe
fon pheitseig.

Bha an coineanach daonnan ann.

'S e an cleas
nochdadh a neoinitheachd.

Magic
i.m. Robert Paterson

In magic,
nothing appears
that is not there already

hiding

somewhere
on the magician.

No doves appear
that haven't cooped
beneath his cloak.

No flowers flourish
which haven't lain
in the secret waistcoat.

The rabbit was always there.

The trick
is to emerge from nothingness.

Neas

Air a thàladh
leis an t-solas

sheas neas
air leac na h-uinneig

a' sgròbadh
an lòsan reòite
le ladhran.

Bha bratail teine
dol againn

agus 'son
a thoirt a-steach dhan bhlàths
dh'fhosgail sinn an snag

thug air leum le cridhe slàn
air ais dhan dorchadas.

Ferret

Attracted
by the light

a ferret
came and stood on our windowsill

scratching
the frozen glass
with his paws.

The fire
was blazing

so to bring him
into the warmth
we opened the latch

making him leap for dear life
back into the darkness.

An tràill

Thug an Tighearna fhèin
a-mach às an Èiphit mi,
à taigh na daorsa.

Sgaoil e a shlat romham
agus sgar na h-uisgeachan
nam balla air gach taobh.

Chaidh an Tighearna air adhart,
meall neòil anns an là,
meall teine anns an oidhche.

Fhras na nèamhan Màna
agus bha a bhlas mar abhlain
air an dèanamh le mil.

Rinnear an tràill
na chuspair 's na cheann-uidhe
an dàin.

The slave

The Lord himself
brought me out of Egypt,
out of the house of bondage.

He raised his staff ahead
and the waters parted,
became a wall on both sides.

The Lord went before me
a pillar of cloud by day
by night a pillar of fire.

The heavens rained Manna
and the taste of it was like
wafers made with honey.

The slave was made
the subject and object
of the poem.

Loch Baghasdail

Cha robh farpais ann.

Bha cabhsairean aca
agus solais rathaid
agus bùithtean
agus staidhrichean concrait
's nuair thigeadh an t-aiseag
bha e mar oidhche an Fhilm Guild
le sadadh dhòrn a' dol
shuas aig an OK Corral
fhad 's bhiodh sinne coiseachd air an fheur bhuachrach
fo sholas na gealaich,
bòcain a' gluasad
anns na bàthchannan.

Ach leig sinn a' chùis seachad,
oir bha fhios againn,
aon latha,
gun sealbhaicheadh na daoine macanta an talamh mar oighreachd
còmhla.

Lochboisdale

There was no way to compete.

They had pavements
and street lights
and shops
and concrete stairs,
and when the ferry arrived
it was like the night of the Film Guild
with fist-fights pummelling
up in the bar of the OK Corral
while we walked on cow-sharned grass
in the moonlight,
ghosts moving
in the byres.

But we let it pass
because we knew that,
one day,
the meek would inherit the whole earth
together.

Daorghlas Chaoilte
(am fear a bu luaithe dhe na Fèinne)

Nuair a ràinig
Daorghlas Chaoilte
an Sgeir Shiar
le astar ceòthaidh às a dhèidh,
cò bha sin roimhe
na shuidhe feitheamh
ach Mùgan MacSmàil.

Daorghlas Chaoilte
(*the fastest of all the Fingalians*)

When
Daorghlas Chaoilte
reached the West Skerry
with a cloud of dust behind him,
who was sitting there
waiting patiently for him
but Mùgan MacSmàil (Dark MacDeath).

Gille is Nighean

Nuair a thàinig an gille
chun na h-uinneig fhosgailte

dh'fhaighnich e dhan nighinn
cuin a rachadh i leis air chuairt

"An uair a thogas mi an lìon,
A leagas mi a' ghlainne,
Agus a chuireas mi am marbh a thiodhlaiceadh nam beò."

Shiubhail e gu tìr-cèin
's phòs ise fear eile
oir gun tuirt i aon rud
is gun do thuig esan rud eile.

Boy and Girl

When the boy
came to the open window

he asked the girl
when she'd go out with him

'When I have lifted the linen,
lowered the glass,
and set the dead to bury the living.'

He sailed to a foreign land
and she married someone else
because she said one thing
and he understood another.

An Saighdear

Nuair a thill
an saighdear Gàidhealach
air ais dhachaigh on chogadh
bha dùil aig a h-uile duine
gun robh e fada marbh.

Thàinig e air a shocair fhèin,
gun ghuth,
tarsainn na mòintich,
suas seachad air Ceapal Bhrianain
agus a-null taobh
Loch an Dùin Mhòir
far an robh na bric cho pailt

agus na sheasamh àrd
air Creag na Cuthaige
chunnaic e am baile sgaoilte fodha,
ceò às na similearan
agus cuideigin a' feadaireachd
fad às le cù mu shàilean.

The Soldier

When the
Highland soldier
returned from the war
everyone believed
him to be long dead.

He came quietly,
unannounced,
walking across the moor,
up past Brianan's Chapel
and over by
the Loch of the Big Fort
where the trout were plentiful

and standing high
on Cuckoo Rock
he saw the village spread below,
smoke from the chimneys
and someone whistling far off
with a dog at his heel.

Bha bhean
aig doras an taighe
le triùir chloinne mu casan

agus fear le bonaid ruadh
agus speal thairis a' ghuailne
a' coiseachd dhachaigh thuice

agus thionndaidh e air a shàilean
's tha iad ag ràdh nach do thill e riamh
à Canada.

His wife
was in the doorway
with three children about her feet

and a man with a brown bunnet
and a scythe over his shoulder
walking home towards her

so he turned on his heels
and they say he never came back
from Canada.

Cappuccino Fuar

Chan eil fhios a'm air a' Bheurla airson
Spaigeataidh Heileacoptar

neo Mòthan

neo Toit

neo Màrtainn nan Corc

Cold Cappuccino

I don't know the English for
Spaghetti Helicopter

or where Aonghas Gobha's (Angus the Smith's) house
now is in Benbecula there were two women in a house,
and they were going out to the hill pasture, and they left
two children behind them in the house. They had not
been long away when two women came into the house.
One said, 'We had better take them with us'. 'Oh no,' said
the other, 'they have drunk the milk of the cow that ate
the Mòthan today'

or a small stack of corn made on the fields containing
several stooks universally used in Uist, and no corn is put
directly into a stackyard from the stook. It is safer and
drier after being in the toit

or a dreadful character whose duty it was to chastise
children who had dirty feet, a bogle who hacked with
his knife the feet of children who went to bed with
unwashed feet. He put salt into the wounds after.
Such hacks as children's feet get with exposure to cold
are called màrtainean

neo Cadalan~Tràghad

oir mun innsinn e
bhiodh an cappuccino agam
air fàs
gu math
fuar.

or a useless sponge found on seashore (I am inclined
to think that this is only a secondary use and that it
first of all may signify a curious creature about the size
and shape of a walnut that is found under the sand.
It has a whitish stiff pile about three eights of an inch
long. No person can give me a name for it, though it
is so common). It is the heart-urchin, echinocardium
cordatum. Others say that cadalan-tràghad is a honey-
comb like white spawn on some shellfish. Some say
it is a honey-comb-like thing that is found on the
shore (like a honey-comb with horny walls – probably
vacated receptacle of marine spawn). This type
of sponge used to be plentiful about twenty to thirty
years ago and was often used for removing dirt off
our legs when running about barefoot. Also means a
sleepy-head.

because
by the time I told all that
my cappuccino
would have gotten
very
cold.

Mart Loch nam Madadh

Bha mi ann
an latha dh'fhosgail
a' bhan-dia fhèin e, Diana.

A Thighearna, bha i àlainn:
a falt bàn a' sèideadh sa ghaoith
agus a casan fada seang a' strì ri stòldachd.

Bha i coimhead a cheart cho mach à àite
's a bhiodh an caochladh:
uan Gàidhealach ann an Ceàrnag Sloane.

Smaoinich air àmhghar
an òganaich air na cabhsairean coimheach,
a' mèilich airson feur a' mhonaidh.

Bhiodh cìobair air tighinn
agus air a giùlan air ais sàbhailte
na uchd gu machaire Sholais.

The Lochmaddy Cattle Mart

I was there
the day it was opened
by the goddess herself, Diana.

Lord, she was beautiful:
her blonde hair blowing in the wind
her long slim legs jittery and restless.

She looked just as out of place
as her opposite would:
a Highland lamb in Sloane Square.

Think of the distress
of the newborn on those strange pavements,
bleating for the moorland grass.

A shepherd would have appeared
and carried her back safely
in his arms to Sollas machair.

Stèisean

Bha thu.
Cha robh idir.

Tha cairtean a' glagadaich nam cheann
agus eich a' sitrich feadh na h-oidhch'.

Theab thu.
Cha do theab.

Cluinnidh mi na gillean a' cruinneachadh,
agus Seonaidh Iain fhèin air an ceann le caisean.

Rinn thu. 'S tu rinn.
Thalla. Cha do rinn.

Tha na balaich mhòra dol gu deas.
Bàl a-nochd fhathast an Dalabrog.

In Nomine Patris et Filii et Spiritus Sancti.
Amen.

Nach bu tu an trustair.
Cò? Mise?

Station

You were.
No I wasn't.

Carts rattle in my mind
and horses neigh through the night.

You almost did.
No I almost didn't.

I hear the boys gathering
and Seonaidh Iain at the head with the tallow.

You did. You certainly did.
Away with you. I never did.

The big boys are going south.
There's a dance tonight in Daliburgh.

In Nomine Patris et Filii et Spiritus Sancti.
Amen.

You're nothing but a scoundrel!
Who? Me?

Sheas mi riutha air latha samhraidh
cùl na làraidh 's iad a' seinn às dèidh nan Geams.

A Chileònaidh!
A bhugair.

Bha iad nan suidhe ann an càr còmhla.
Esan is ise. Fad an fheasgair.

Sgràthail.
Sgoinneil.

Nam b' urrainn dhut teadhair a chur air tìm, mar each.
A' bhuaile nis cho fosgailte ris a' chruinne-chè.

Bha.
Bha, leothara.

Tha mi dràibheadh 's an rèidio a' gluasad
gun sgur bho stèisean gu stèisean.

Iad uile a' stad
aig slighe na croise.

I stood with them on a summer's day
in the back of the lorry singing after the Games.

Idiot!
Bugger.

They were sitting in a car together.
Him and her. All afternoon.

Terrible.
Wonderful.

If you could tether time, like a horse.
The cattle-fold now as wide as the world.

It was.
Yes, by the missal.

I'm driving with the radio signal
perpetually moving from station to station.

All of them stopping
at the station of the cross.

Duan na Fèinne

Ge brith dè cho aosta 's a tha an sgeul,
chan inns tìm fhèin i.

Bha mi eòlach air fear aig an robh sgeul
cho sean 's gun creideadh tu
gun innseadh na cnuic fhèin
an duan.

Ach bha iad nan tost.

Dh'inns iad dìreach
mu chaoraich 's mu fheur, 's mun uisge

's b'fheudar dhan bhodach a sgeul innse
dha na h-ainmidhean 's dha na h-eòin

's nuair nach do dh'èist iadsan,
dha na creagan fhèin.

B'e sgeul na Fèinne a bh' aige,
's chan eil na thachair gu diofar.

The Fingalian Chant

No matter how old the tale,
time itself cannot tell it.

I knew a man whose story
was so old you could believe
the hills themselves
would speak it.

But they were silent.

They only told
of sheep and grass, and rain,

so the man told his story
to the beasts and to the birds

and when they didn't listen,
to the rocks themselves.

The tale was a Fingalian one
and the narrative was irrelevant.

B' e na ruitheaman a b' fhiach,
a bhiodh e caoin, a-muigh leis fhèin

gu socair air an t-sliabh. Ma dh'èisteas
tu gu faiceallach saoilidh tu gun cluinn thu

an duan. Ach cha chluinn, oir 's e tha siud
ach crònan na gaoithe tron mhòintich.

Tha an seanchaidh
air falbh, 's chan eil air fhàgail ach fear

a chuala an sgeul air leth-chluais
fad às, mar ghlòr nan eun.

What mattered were the rhythms
which he sang, out there on his own

silently on the moor. If you listen
carefully you think you can still hear

the song. But you don't, for what
you hear is the wind murmuring through the bog.

The master story-teller
has gone, and all that's left is someone

who half-heard the story in the air
far off, like the speech of birds.

Aingeal

Thachair aingeal rium
air an trèan tron Spàinn.

Phàigh e mo shlighe fad an rathaid
gu Casablanca,
far an deach e às an t-sealladh.

Cha robh sgiathan sam bith
air a' bhalach Berber
a thug cobhair dhan t-srainnsear.

Angel

An angel met me
on a train in Spain.

He paid my fare all the way
to Casablanca,
where he disappeared.

There were no wings
on the Berber boy
who came to the aid of the stranger.

Am Fuamhaire

Nuair a dhùisg am fuamhaire
bha an t-acras air

ach nuair a choimhead e timcheall
cha robh sìon ri ithe

oir bha e air a h-uile rud
a shlugadh cheana.

Mar sin,
thòisich e air an òrdag mhòr
aige fhèin

agus

mus tàinig ciaradh an fheasgair
bha e marbh leis an acras.

The Giant

When the giant woke
he was hungry

but when he looked about
there was nothing to eat

because he'd swallowed everything
already.

So
he began chewing
his own big toe

and

before night fell
he was dead hungry.

Sgrìobhadh

An turas
a sgrìobh Crìosd
air an làr

cha do chlach
na fir
am boireannach

o chionn 's
gun deach an dealbh
anns an dust.

Writing

The time
Christ wrote
on the ground

the men
did not stone
the woman

because
they were drawn (made)
in the dust.

Litrichean

Dhràibh sinn bhan Oifig a' Phuist.

Bha i dearg.

Bha an cunntair
shìos taobh na h-aibhne,
far an robh na clachan nam parsailean
agus am feur litrichean à Aimearagaidh.

Sheòl sinn iad
fon drochaid chloiche
gu Burma
fhad 's a sheinn na curracagan,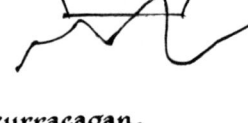

's an uair sin sgèith sinn dhachaigh air itealagan
a' feitheamh fhreagairtean
fon lòsan bheag
fhad 's a sheòl na sgòthan geala seachad air a' ghealaich
an ear a-null gu Loch Baghasdail.

Letters

We drove the Post Office van.

It was red.

The sorting counter
was down by the river,
where the stones were parcels
and the grass letters from America.

We sailed them
under the stone bridge
to Burma
while the peewits cried,

and then flew home by kite
waiting for replies
under the skylight glass
as the white clouds sailed past the moon
eastwards towards Lochboisdale.

Iain

B' e gille mòr a bh' ann an Iain:
rachadh aige air dà chorrag a chur na bheul

agus le aon fhead
laigheadh gach cù sa bhaile mu shàilean.

Le fead eile nochdadh a h-uile gille san sgìre
a' leum tarsainn dhìgean 's a' ruith tro na pàircean,

far an robh esan na sheasamh, aon làmh
a' dèanamh fead,

an tè eile a' sgeingeadh ball
fhad 's a chuir sinne ar seacaidean sìos sa ghainmhich.

Iain

Iain was a big lad:
he could put two fingers in his mouth

and with a single whistle
every village dog would be at his heel.

A different whistle and all the boys in the district appeared,
leaping over ditches and running through fields

to where he stood, one hand
varying the pitch,

the other bouncing the ball
while we laid our jackets down as goalposts in the sand.

Am Bo~Bò

Ma chudlas tu Mamaidh
chan fhaigh am Bo-Bò thu

ma chumas tu faisg oirnn
chan fhaigh am Bo-Bò thu

ma sheinneas tu òran
chan fhaigh am Bo-Bò thu

ma thig thu dhan leabaidh
chan fhaigh am Bo-Bò thu.

Ma thig thu a Leòdhas
chan fhaigh am Bo-Bò thu

ma thig thu a Ghlaschu
chan fhaigh am Bo-Bò thu

ma thig thu dhan ghealaich
chan fhaigh am Bo-Bò thu

ach ma thig thu a dh'Uibhist
gheibh am Bo-Bò thu!

The Baw-Baw

If you cuddle Mammy
the Baw-Baw won't get you

if you stay near us
the Baw-Baw won't get you

if you sing a song
the Baw-Baw won't get you

if you go to bed
the Baw-Baw won't get you.

If you go to Lewis
the Baw-Baw won't get you

if you go to Glasgow
the Baw-Baw won't get you

if you go to the moon
the Baw-Baw won't get you

but if you go to Uist
the Baw-Baw will get you!

Samhradh

B'e samhradh teth a bh' ann,
gaoir-theas na chrith air na rathaidean
's na seamragan fo làn-bhlàth.

Bha sinn a' sglèatadh fad an latha,
uaireannan a' gabhail fois air mullach an taighe
coimhead a' mhuir ghorm.

Tha fàileadh na tì ann,
a' goil air an stòbh,
's tha cù a' comhartaich fad às.

Cha do dh'eug duine an samhradh
a thuit mi ann an gaol le nighean
le blas na mara air a bilean
sguabadh gun sgur
air Rubha Àird Mhaoil.

Summer

It was a hot summer,
mirages hovering over the road
and the clover all in bloom.

We nailed slates all day,
occasionally resting on the roof
to gaze at the blue sea.

I can smell tea
boiling on the stove,
and far away a dog barks.

No one died the summer
I fell in love with a girl
whose lips tasted of the ocean
sweeping endlessly
on to Rubha Àird Mhaoil.

Aonghas Dubh

Tha foghar tighinn gum chuimhne
's na h-adagan a' lùbadh gu deas

's sinne anns na cocannan-feòir
a' cluich falach-fead san teas,

nar n-Innseanaich Ruadha
a' streap gu mullach nan creag

fada mus do thuig sinn
na bha an dàn dha na daoine beag'.

Black Angus

An autumn comes to mind
and the corn-stooks leaning south

and we in the haystacks
playing hide and seek in the heat

Red Indians
climbing the rocks

long before we understood
our indigenous common fate.

Sìde

Ionnsaich gabhail ri sìde:
do thaigh a thogail ìseal,
d' eathar a chumail air acair,
na bionaichean-sgudail a cheangal,

's nuair thig latha samhraidh
laigh socair air a' mhachair
is èist ri guth nan tonn
ag innse mu na thachair.

Weather

Learn to accept weather:
build your house low,
anchor your boat,
and tie-up the rubbish bins,

and when summer comes
lie quietly on the machair
and listen to the surging sea
telling what happened.

Fiadh air Druim Uachdar

Nam biodh beachd agad
cho goireasach 's a tha an t-inneal
tha nam phòcaid,

a bheothaicheas Moose Canèideanach
le suathadh ceann-òrdaig,

saoil nach tilgeadh tusa cuideachd do chabair
's nach ruitheadh tu cuide rium
chun na làraich-teotha as fhaisge

taobh thall Dhruim Uachdar nam Bò?

A Deer on Drumochter

If you had any idea
how ingenious the machine
in my pocket is

which animates a Canadian Moose
at the touch of a thumb

wouldn't you too cast your antlers
and run with me
to the nearest hotspot

on the far side of Drumochter of the Cattle?

Erik Ruadh

Ma choimheadas tu gu faiceallach
chì thu na ballachan beaga
far an do chrùb na daoine
an turas ud a chaidh Erik Ruadh gu deas,
ga amharc tro thuill na cloiche
mar nach robh esan air toirt an aire,
an turas seo,
gun robh an crodh ro chaol 'son stad.

Ach thadhail e air an rathad gu tuath
nuair bha am bainne a' sileadh o na cnuic,
's na rudan nach tug e leis
dh'fhàg e lom 's ag at.

Erik the Red

If you look carefully
you'll notice the little walls
where folk crouched
that time Erik the Red sailed south,
watching him through the stone chinks
as if he hadn't noticed,
this time round,
that the cows were too thin to stop.

But he stopped by on his way north.
when the milk was pouring from the hills,
and the things he didn't take with him
he left bare and swelling.

Mac Iain 'ic Sheumais
airson Cesna Chaimbeul

Nuair a chaidh an gaisgeach mòr
a leòn aig Blàr na Fèithe
ghlaodh e airson a Mhamaidh
a thàinig sa bhad le bannal nam ban
a rinn òran dha
a mhair fada nas fhaide na e fhèin.

Mac Iain 'ic Sheumais
For Kenna Campbell

When the great warrior

was wounded at the Battle of Carinish

he cried out for his Mummy

who immediately appeared with a band of women

who made song for him

which lasted far longer than himself.

An Sgùmban

mar chuimhneachan air Maighstir Dòmhnall MacAoidh

Tha sinn a' cluich
a-muigh air an Sgùmban
gun fhor gu bheil tìm
a' cluich còmhla rinn.

Seall air,
am ball ceangailte ri chasan,
's e ruith mar a' ghaoth
tarsainn na machrach
mach dhan Chuan Siar,
a' leum tarsainn gach cas shìnte,
seachad air gach ionnsaigh is dìon.

Chan eil duine sgòradh ach e fhèin.

Às dèidh a' ghèam
Chaidh sinn a-staigh
a leughadh leabhraichean:
Coral Island agus *Treasure Island*,
far an do shiubhail sinn on uair sin,
gus an deach ar gairm dhachaigh gu tì.

The Sgùmban
in memory of Fr Donald MacKay

We play
out on the Sgùmban,
unaware that time
plays with us.

Look at him,
the ball tied to his feet,
running like the wind
across the machair
out over the Atlantic,
jumping over every outsretched leg,
past every lunge and tackle.

No one scores except him.

After the game
we went inside
to read books:
Coral Island and *Treasure Island*,
where we've explored ever since
before being called home for tea.

Aois

Bha na bodaich ud na b' òige
na tha mi fhìn an-diugh.

Clann Eachainn Mhòir
a chunnaic grian òr
ag èirigh os cionn Fujiyama
air madainn shamhraidh,

agus Ailean Dubh,
le fheusaig bhig ghil
a' canntaireachd ann an
Stalag 18A.

Dè an gnothach a bh' agamsa riutha,
aostannaich à saoghal a dh'fhalbh?

Ann am priobadh na sùla
ghluais Oor Wullie gu Paw Broon
agus cha bu mhiste dhomh nis
gliocas na h-aois:
ionnsachadh mar a dhèanainn sìoman,
neo trèisgeir neo cliabh a chàradh,

Age

These old men were younger
than I am now.

The MacDonald boys
who saw a golden sun
rising over Fujiyama
on a summer's morning,

and Black Allan,
with his small white beard,
singing in
Stalag 18a.

What business had I with these,
old men from a fading world?

In the twinkling of an eye
Oor Wullie became Paw Broon
and I could now do with
the wisdom of age:
learn how to make a straw-rope
or how to repair a creel or dibble.

agus seo mi
nam àm dhidseatach fhèin
lem fheusaig bhig ghil,
fhathast a' fighe sìoman nam briathran,
a' geurachadh trèisgeir na cànain.

And here I am
in my own digital time
with my little white beard,
still weaving the straw rope of words,
sharpening the peat-spade of language.

Dannsa

Beag air bheag
tha an taigh a' fàs falamh,
seòmar-èididh againn a-nis
far am biodh an dithis bheag
a' sabaid ri dràgonan,
creachadairean
le Seonaidh Depp.

Agus an seòmar sin eile
far am biodh an ceòl,
a-nis cho sàmhach ri leabharlann.

B' aithne dhuinn tè
a dh'eug na seann aois
a' tuiteam thairis
dèideagan na dìochuimhn'.

Tha sinne cuideachd a' tuisleachadh
tarsainn cuimhne: an e siud fidheall, a' sgreuchail
phuingean?

Tiugainn a dhannsa, ghràidh;
tha gach seòmar na thalla.

Dancing

Bit by bit
the house grows empty,
a dressing-room now
where the two wee ones
fought dragons,
pirates
with Johnny Depp.

And that other room
where the music played
now as silent as a library.

A woman we knew
died in old age
falling over
the toys of dementia.

We too stumble
over memories: is that a fiddle,
scratching out a scale?

Let's dance, darling:
every room's a hall.

Shuas an Staidhre

Chuala mi guthan shìos an staidhre
fhad 's a bha mi shuas
ag èisteachd ri Luxemburg.

Inbhich a' bruidhinn,
an guthan ìseal neo-shoilleir
le gliogadaich ghlainneachan
's gàireachdainn, is òrain Ghàidhlig,
's ghabh mi aithreachas gun robh dà àite ann.

Upstairs

I heard voices downstairs
while I lay upstairs
listening to Luxemburg.

Adults talking,
their voices low and indistinct,
with the clink of glasses
and laughter, and Gaelic songs,
and I regretted that there were two places.

Cèilidh

Nam b' urrainn dhomh m' athair
a thoirt air ais beò
dh'fhaighnichinn dha
an togadh e taigh dhomh,

oir b' e an saor a b' fheàrr
san t-saoghal mhòr,
an obair-fhiodh' aige
mar Donatello
's an obair-chloiche
mar Michelangelo fhèin

agus aon uair
's gun togadh e an taigh,
leis na ballachan-cloiche
agus na cabair-daraich
agus an uinneag mhòr dhùblaichte dìreach an siud
le sealladh a-null Caolas Bharraigh

dh'iarrainn air suidhe taobh an stòbh'
feuch 's gun innseamaid ar sgeòil
gus am biomaid beò gu bràth.

Cèilidh

If I could bring my father
back to life
I'd ask him
to build me a house

for he was the finest joiner
in the whole world,
his wood-work
like Donatello
and his stone-work
like Michelangelo himself

and once
he'd built the house
with stone walls
and oak roof-beams
and the large double window just there
with a view over the Sound of Barra

I'd ask him to sit by the stove
so that we could tell our stories
and live forever.

Poca

Nuair dh'fhaighnicheadh tu
do dh'Iain Sheonaidh
an robh an sgeul seo aige
chanadh e
"O, cha tug mi liom idir i",
mar gun robh poca air a dhruim
làn mòna
'son losgadh air oidhche geamhraidh.

Sack

When you'd ask
Iain Sheonaidh
if he had a particular story
he'd say
'O, I didn't carry it with me'
as if he had a sack on his back
full of peat
for burning on a winter's night.

Chì mi thu

Càr beag dearg a' dol seachad
's chan eil thu ann.

Plèan a' sgiathadh àrd sna speuran
's chan eil thu oirre.

Sgoth a' seòladh sa Chuan Sgìth
's chan eil thu air bòrd.

Tha thu 'n gach àite
far nach eil thu.

I see you

A small red car passing
and you're not in it.

A plane flying high in the skies
and you're not on it.

A yacht sailing in the Minch
and you're not on board.

You are everywhere
where you are not.

Uncail Dòmhnall

Bhiodh e seinn na chadal:
'An t-urram thar gach beinn aig Beinn Dòbhrain',
's nuair ghabhadh e smùid mhùineadh e a bhriogais
gus an èireadh ceò mar sgòth air Beinn a' Cheathaich.

Nuair phòs Maighread am balach à Lunnainn
thug iad cead dha tighinn chun na bainnse
fhad 's a chumadh e sòbarra, sàmhach, agus glan.

Agus air latha a' phòsaidh,
na sheann dheise clòimh' agus na lèine gheal
ghabh e tè mhòr

is leum na cnuic is dhanns na creagan
is dhòirt na h-aibhnichean nan tuil le bròn.

Uncle Donald

He'd sing in his sleep:
'An t-urram thar gach beinn aig Beinn Dòrain'
and when drunk he'd piss his trousers
till steam rose like a cloud on Beinn a' Cheathaich.

When Mairead married the boy from London
he was allowed to come to the wedding
on condition he remained sober, quiet, and clean.

And on the day of the marriage
in his old woollen suit and white shirt
he went on the spree

and the hills skipped and the rocks danced
and the rivers flowed in floods of grief.

An Taigh Cruinn, Dalabrog

An starsach
far an èirich a' ghrian.

An cidsin
ann an solas na maidne.

An t-àite-còmhnaidh
tron latha.

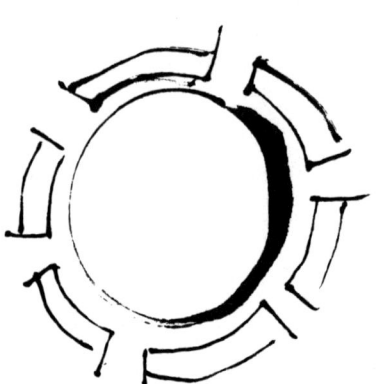

An làr-cadail
sa chiaradh.

An seòmar-bàis
san dorchadas.

A' dol deiseil
o mhoch gu dubh.

Bronze age roundhouse, Daliburgh

The threshold
where the sun rises.

The kitchen
in the morning light.

The living area
through the day.

The sleeping quarter
during the evening.

The dying room
in the dark.

Moving sunwise
from morning till night.

Lios nan Ubhal

Bha an lios-ubhal daonnan ann,
fon fhàs.

Nuair rachadh tu steach,
boglach gu do ghlùinean.

Ach nuair sgaoileadh tu an raineach air ais,
geug bheag

agus
guc na h-ubhla.

Orchard

The orchard was always there,
overgrown.

When you entered,
bog met you to the knees.

But when you shoved the bracken back
there was a little branch

and
the bud of an apple.

Air machaire Chille Pheadair

Gun teagamh
bha na sìthichean an seo.

Seall fhèin cho dachaigheil
's a tha na bruthaichean uaine.

An doras beag dìreach an siud
anns an toman ghainmhich.

An còmhnard àrd gorm
far am biodh iad a' dannsa.

Am beàrn anns a' mhuran
far 'n do chluich na pìobairean.

Na h-uinneagan le sealladh gu deas
far 'eil tuill nan coineanach a-nis.

Nach bochd cho mòr 's a dh'fhàs sinn,
sia troighean os cionn na talmhainn.

On Kilpheder machair

Without a doubt
the fairies lived here.

Just look how homely
the green hillocks are.

The little door right there
in the sandy hollow.

The high grassy plain
where they danced.

The gaps between the marram
where the pipers all played.

The windows with a south-facing view
where the rabbit burrows now are.

A pity how big we became,
six feet above the ground.

Aig Cladh Hàllain

Tha mi tadhal air m' athair 's mo mhàthair,
's tha iad a' cur fàilt' orm,
ged nach robh dùil aca rium
's ged nach eil sìon deiseil.

Tha aparan oirrese 's i fuinne
's a' mhin a' còmhdachadh a gàirdein,
's tha e fhèin na sheasamh aig a' bheinge
a' locradh pìos fiodh: uinneag.

Tha an doras fosgailte agus troimhe
cluinnidh mi an ceòl: pìobaireachd
a' tighinn a-nuas an cnoc, agus saoil
nach e siud Fear a' Chòta Ruaidh?

Bu mhath leam a bhith sàmhach,
ach tha m' athair ag ràdh nach e seo
an t-àm. Seo an t-àm, tha e ag ràdh,
urram a thoirt dha gach nì tha beò.

At Hallan Cemetery

I call by to see my mother and father
and they welcome me in,
though they weren't expecting me
and nothing's ready.

She's wearing an apron and is baking,
the flour covering her arms,
and he's standing at the work-bench
planing a piece of wood: a window.

The door is wide open and through it
I hear music: piping coming
down hill, and isn't that someone
singing Fear a' Chòta Ruaidh?

I'd like to be silent,
but my father says this is not
the time. This is the time, he says,
to honour everything that is alive.

Mar an t-eun beag ud thall air a' bhalla.
Tha e falbh, 's mar as àirde dh'èireas e
's ann as soilleir an ceòl. Dùisgidh
na mairbh nuair a dh'èireas na beò.

Tha sinn gar call fhèin a' còmhradh.
Tha iad ag iarraidh orm fuireach oir
tha an tì gu bhith dèante, 's an leabaidh
uile deiseil, le cuibhrigean ùra blàth

ach tha mi ag ràdh gum feum mi falbh
is gun tadhail mi latha eile. Tha iad
a' seasamh aig an doras 's a' smèideadh,
fhad 's tha mi dùnadh a' gheat' às mo dhèidh.

Like that little bird over on the wall.
It flies, and the higher it ascends,
the clearer the song. The dead shall
awaken when the living arise.

We lose ourselves talking.
They want me to stay, for
the tea is about ready, and the bed
all made, with new warm covers

but I tell them I must go away,
and will call back some other day.
They stand at the door, waving,
as I close the gate behind me.

Seallaidhean

Tha mi faicinn rudan son a' chiad turas.

Lus a' chrom chinn a' deàrrsadh.
"Buidhe" tha i 'g ràdh.

Eilid a' mhonaidh a' coimhead timcheall,
a' snotadh beatha.

Ceò
ag èirigh à simileir bàta seòladh deas air Ratharsair.

Am mìorbhail a bhith slàn beò.

Seeing Things

I see things for the first time.

The daffodil shining.
'Yellow,' she says.

The fawn on the hillside looking round,
sniffing life.

Smoke
rising from the funnel of a ship sailing south of Raasay.

The marvel of being well and alive.

Luath Press Limited

committed to publishing well written books worth reading

LUATH PRESS takes its name from Robert Burns, whose little collie Luath (*Gael.*, swift or nimble) tripped up Jean Armour at a wedding and gave him the chance to speak to the woman who was to be his wife and the abiding love of his life. Burns called one of the 'Twa Dogs' Luath after Cuchullin's hunting dog in Ossian's *Fingal*. Luath Press was established in 1981 in the heart of Burns country, and is now based a few steps up the road from Burns' first lodgings on Edinburgh's Royal Mile. Luath offers you distinctive writing with a hint of unexpected pleasures.

Most bookshops in the UK, the US, Canada, Australia, New Zealand and parts of Europe, either carry our books in stock or can order them for you. To order direct from us, please send a £sterling cheque, postal order, international money order or your credit card details (number, address of cardholder and expiry date) to us at the address below. Please add post and packing as follows: UK – £1.00 per delivery address; overseas surface mail – £2.50 per delivery address; overseas airmail – £3.50 for the first book to each delivery address, plus £1.00 for each additional book by airmail to the same address. If your order is a gift, we will happily enclose your card or message at no extra charge.

Luath Press Limited
543/2 Castlehill
The Royal Mile
Edinburgh EH1 2ND
Scotland
Telephone: +44 (0)131 225 4326 (24 hours)
Email: sales@luath. co.uk
Website: www. luath.co.uk